Bernd Flessner

Peter Schilling

Stefan Lohr

Plutinchen in Gefahr

In Zusammenarbeit mit

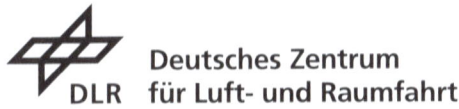

Ein besonderer Dank geht an
Herrn Dr. Volker Kratzenberg-Annies
für die fachliche Beratung seitens des DLR

TESSLOFF

1. Auflage 2020
© 2020 TESSLOFF VERLAG
Burgschmietstraße 2-4, 90419 Nürnberg
Alle Rechte vorbehalten
Text: Bernd Flessner
Cover- und Innenillustrationen: Stefan Lohr
Idee/Mitwirkung: Peter Schilling
Lizenz: MajorTon Entertainment KG
Major Tom und *Völlig losgelöst* sind Marken
der MajorTon Entertainment KG
Grafisches Konzept: Barbara Heinlein, Gestaltung: Uwe Herrlen
Lektorat: Anja Kunze
Redaktion: Silke Neubert

www.tessloff.com

ISBN: 978-3-7886-4012-5

Dieses Buch entstand in Zusammenarbeit mit dem
Deutschen Zentrum für Luft- und Raumfahrt (DLR),
das den Text auf fachliche Richtigkeit geprüft hat.

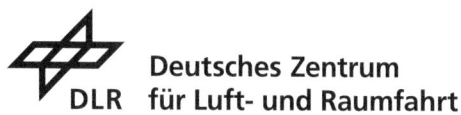

Die Verbreitung dieses Buches oder von Teilen daraus durch Film,
Funk oder Fernsehen, der Nachdruck, die fotomechanische Wiedergabe
sowie die Einspeicherung in elektronische Systeme
sind nur mit Genehmigung des Tessloff Verlages gestattet.

Inhalt

Zurück zur ISS — 9

Der Wunderhund — 19

Muss Plutinchen von Bord? — 33

Ein echter Fehler — 46

Was ist mit Yuki? — 59

Logbuch — 63

Wie alles begann

Der kleine Major Tom lebt zusammen mit seinem Vater, dem großen Major Tom, auf der Raumstation Space Camp 1. Seine Mutter arbeitet auch für die Weltraumagentur, ist aber nicht mit auf der Raumstation.
Stella ist seine beste Freundin und ebenfalls an Bord. Ihre Eltern sind bei der Bodenkontrolle beschäftigt. Plutinchen ist eine Roboterkatze und die treue Gefährtin von Tom und Stella. Gemeinsam erforschen sie das Weltall, beobachten die Erde und züchten Pflanzen an Bord der Raumstation. Eines Tages muss der große Major Tom unerwartet zum Mars fliegen und dort mithelfen, die Marsstation weiter aufzubauen.

Tom, Stella und Plutinchen bleiben in der Raumstation zurück und sind nun ganz auf sich alleine gestellt.

Doch auch ohne ihre Eltern sind sie erfolgreiche und begeisterte Forscher. Gemeinsam meistern sie den Alltag auf der Raumstation, lösen Probleme und genießen zwischendurch den Ausblick auf ihren Heimatplaneten Erde. Auf den verschiedenen Missionen erleben sie ein Abenteuer nach dem anderen und lernen immer wieder Erstaunliches und Interessantes über die Erde und das Weltall. Dabei helfen sie sich gegenseitig und geben auch in brenzligen Situationen niemals auf.

Zurück zur ISS

Vor dem Monitor wurde es eng. Stella und Tom und ihre chinesischen Gäste Ming und Hu sowie Plutinchen und der Pandaroboter Neng Neng wollten hören und sehen, was die Bodenstation zu melden hatte.
Jeder versuchte, einen guten Platz zu bekommen. Sie drehten sich, schlugen Saltos und stießen mit den Köpfen zusammen. Schließlich bildeten sie eine Art Stern, denn alle Füße zeigten in eine andere Richtung, während die Köpfe sich mehr oder weniger berührten.
„Die lassen sich aber Zeit", meinte Stella. „Sonst haben sie es immer so eilig. Wie oft haben die uns schon aus den Betten geholt."
„Nur Geduld", entgegnete Tom. „Sie haben noch ein paar Minuten."

„Wir leider auch", sagte Ming traurig. „Es war so schön bei euch. Ich wäre gerne noch geblieben."
„Oder ein paar Wochen", ergänzte Hu.
„Wir werden euch auch vermissen", sagte Stella.
„Stimmt", grinste Tom. „Wir werden euch vermissen, aber mehr Platz haben."
„So eng war es nun auch wieder nicht", entgegnete Stella. „Eine Raumstation ist nun einmal kein Luxushotel."
„Na ja, einen Luxus gab es schon", widersprach Ming.
„Welchen denn?", fragte Stella verwundert.
„Hühnerfüße", antwortete Ming lachend.
„Du mit deinen Hühnerfüßen!", schüttelte Stella ihren Kopf. Tom hatte die Hühnerfüße, die in China als Delikatesse gelten, extra für die beiden chinesischen Kinder besorgt.
„Jetzt ist es gleich so weit", sagte Tom. „Was die wohl von uns wollen?"
„Das ist doch ganz egal", warf Ming ein. „Der Space Racer ist jedenfalls startbereit und wir haben unsere Sachen verstaut. Es ist wahrscheinlich bloß das Startsignal."

„Bestimmt nicht", widersprach Tom aufgeregt. „Da reicht doch sicher ein einfacher Funkspruch. Da ist doch bestimmt noch etwas, das sie uns sagen wollen."

„Das glaube ich auch", vermutete Stella. „Seit wann kündigen die überhaupt ein Gespräch an?"

In diesem Augenblick verschwand das Bild von der Erde und eine Frau in der Uniform der Bodenstation erschien auf dem Monitor.

„Bodenstation an Major Tom, bitte kommen!"

„Hier ist Major Tom", antwortete Tom ordnungsgemäß. „Was gibt es?"

Alle Augen waren auf den großen Monitor gerichtet. Die Frau lächelte freundlich.

„Bevor ihr Ming und Hu zurück zur ISS bringt, habe ich noch eine Frage", antwortete die Frau. „Wie sind eigentlich Plutinchen und Neng Neng miteinander ausgekommen?"

„Bestens", antwortete Tom verwundert.

„Bestens", wiederholten Plutinchen und Neng Neng im Gleichklang.

„Ich meine: Wie haben die beiden Roboter

zusammengearbeitet?", hakte die Frau von der Bodenstation nach.

„Auch bestens", sagte Tom. „Warum fragst du?"

„Es gab keine Probleme?", wollte die Frau wissen.

„Nein, wir hatten keine Probleme", versicherte Tom. „Die beiden haben sich perfekt ergänzt."

„Sehr gut!", freute sich die Frau. „Dann können wir das Experiment starten."

„Was für ein Experiment?", fragte Stella.

„Ein Experiment mit einem neuartigen Roboter", antwortete die Frau. „Ein Transportraumschiff hat ihn an Bord der ISS gebracht. Dort wurde er bereits getestet. Nachdem ihr Ming und Hu dort abgeliefert habt, wird er an euch übergeben. Wir wollen herausfinden, wie er sich bei euch bewährt. Ihr habt schließlich sehr viel Erfahrung mit eurer Roboterkatze an Bord. Seid ihr einverstanden?"

Tom und Stella sahen sich überrascht an und tauschten ein paar Blicke aus. Dann nickten sie.

„Geht in Ordnung", antwortete Tom. „Wir testen euren neuen Roboter. Wie heißt er denn?"

„Yuki", sagte die Frau. „Es wird bestimmt ein spannendes Experiment. Ihr könnt jetzt zur ISS fliegen."

„Machen wir", sagte Tom noch, dann verschwand die Frau vom Monitor.

„Ein neuer Roboter?", wunderte sich Stella laut. „Was ist denn das für eine komische Idee?"

„Es ist nur ein Test", sagte Hu. „Wie mit Plutinchen und Neng Neng. Das war eigentlich auch schon eine Art Test."

„Ja, gebt ihm eine Chance", meinte Ming.

„Machen wir ja", stimmte Stella zu. „Wenn es mit Neng Neng so gut geklappt hat, warum nicht auch mit Yuki?"

„Alle Roboter verstehen sich gut", versicherte Neng Neng.

„Ich sehe da kein Problem", miaute Plutinchen.

„So oder so, wir müssen jetzt starten", mahnte Tom. „Also auf zum Space Racer."

Wenig später flogen die Kinder und die beiden Roboter zur Internationalen Raumstation. Dort hatten

Tom und Stella die beiden chinesischen Taikonauten – so nennt man chinesische Raumfahrer – ein paar Wochen zuvor abgeholt, nachdem die Raumstation von Weltraumschrott beschädigt worden war. Doch jetzt war der Schaden behoben. Die ISS war wieder voll einsatzfähig. Ein paar Tage würden Hu und Ming noch auf der Raumstation verbringen und dann zusammen mit ihren Eltern zur Internationalen Mondstation fliegen.

„Wir werden euch dort so bald wie möglich besuchen", versprach Tom, als sich alle an Bord der Raumstation verabschiedeten.

„Das werden wir!", versicherte Stella.

„Ihr habt es gut", sagte Ming traurig. „Ihr habt ein eigenes Raumschiff."

„Dafür seid ihr mit euren Eltern unterwegs", entgegnete Tom.

„Immerhin ist dein Vater wieder vom Mars zurückgekehrt", meinte Hu. „Jetzt hast du es nicht mehr so weit, um ihn zu sehen."

„Er kommt uns bald besuchen", freute sich Tom.

„Macht es gut!", sagte Stella traurig.

Ein letztes Mal nahmen sich die Kinder in die Arme, dann trennten sich ihre Wege. Ming und Hu schwebten zu ihren Eltern, gefolgt von Neng Neng. Stella, Tom und Plutinchen warteten im Labormodul auf den neuen Roboter.

„Bist du auch traurig?", fragte Stella.
„Wegen Neng Neng?", antwortete Plutinchen. „Nein, ich bin nicht traurig. Jedenfalls nicht so, wie ihr es seid. Ich bin ja ein Roboter. Schon vergessen? Aber Neng Neng ist ein sehr angenehmer Partner. Wir bleiben in Funkkontakt."
„Ich bin gespannt, was für einen Roboter uns die Bodenstation geschickt hat", grübelte Stella.
„Bestimmt so eine Riesenspinne", vermutete Tom.
„Oder einen Riesenkäfer. Den haben sie doch vor einiger Zeit im Internet gezeigt."
„Für einen Riesenkäfer wäre Yuki ein passender Name", meinte Stella.

„Oder vielleicht ist es ein ganz normaler Roboter, ich meine, ein Roboter, der eher wie ein Mensch aussieht", sagte Tom.

„Da ist er auch schon!", erschrak Stella und deutete mit dem Finger auf die Luke zum nächsten Modul, in der eine große, dunkle Gestalt mit Armen und Beinen erschien. „Das ist ja ein Riesending! Haben die keinen kleineren auf Lager?"

„Das ist doch kein Roboter", lachte Tom, als sich die Gestalt näherte, „das ist ein Astronaut."

Jetzt musste auch Stella lachen.

„Genau genommen, ein Kosmonaut", sagte der Mann, „denn ich komme aus Russland. Ihr müsst Tom und Stella sein. Und das ist also Plutinchen, euer Roboter. Ich bin Juri."

„Hallo Juri", begrüßte ihn Stella. „Du heißt ja wie Juri Gagarin, der erste Mensch im All. Mit Geschichte kenne ich mich aus. Er ist am 12. April 1961 mit dem Raumschiff Wostok 1 gestartet und hat die Erde einmal umrundet. Das war damals eine unglaubliche Leistung."

„Ganz genau", nickte der Kosmonaut und reichte

ihnen die Hand. „Meine Eltern haben mich nach ihm benannt. Willkommen auf der ISS!"
Tom und Stella freuen sich natürlich über die herzliche Begrüßung, doch sie schauten dem Kosmonauten nur kurz in die Augen. Denn sie hatten die große, kastenförmige Box, die hinter seinem Rücken an einer Leine schwebte, längst entdeckt.
„Na klar, ihr wollt Yuki sehen", lächelte Juri und zog an der Leine, an der die Box befestigt war. Sehen konnte man nichts. Es war einer der üblichen Transportbehälter. Mit ein paar Handgriffen öffnete er den Verschluss.
Jetzt wurde es spannend.
„Jetzt mach schon!", mahnte Stella.
„Bestimmt ein Käfer", flüsterte Tom.
Mit einer ruhigen Handbewegung zog der Kosmonaut den neuen Roboter langsam aus der weißen Box. Die Gestalt war nicht zu erkennen, denn der Roboter hatte den Kopf und die Beine komplett eingezogen. Er sah aus wie ein großer, kaputter Zauberwürfel. Juri drehte den Roboter ganz vorsichtig um und drückte dann einen winzigen Knopf.

Ein kleines, grünes Licht leuchtete kurz auf – dann begann der Roboter, sich zu entfalten. Vor ihren Augen verwandelte sich der kaputte Zauberwürfel in ein Tier.

„Es ist ein Hund", stellte Tom fest.

Plutinchen miaute missmutig.

„Guten Morgen, Tom", sagte der Hund mit einer weichen Stimme. „Guten Morgen, Stella, guten Morgen, Plutinchen."

„Guten Morgen, Yuki", erwiderte Tom den Gruß.

Der Wunderhund

Eine Stunde später waren Tom und Stella wieder an Bord des Space Racers. Der Kosmonaut hatte ihnen noch ein paar Tipps für den Umgang mit Yuki gegeben. Der Roboterhund wiederum hatte einige Zeit gebraucht, um alle seine Systeme zu überprüfen. Jetzt war er einsatzbereit und saß neben Plutinchen in einer Sitzschale.

„Alles in Ordnung, Yuki?", fragte Tom.

„Alle meine Systeme arbeiten ausgezeichnet", antwortete der Roboterhund.

„Wie findest du unseren Space Racer?", fragte Tom und schnallte sich an.

„Es ist ein sehr gutes und modernes Raumschiff", antwortete Yuki. „Ich habe alle Daten über den Space Racer gespeichert und bin gespannt auf den ersten Flug."

„Das freut mich", sagte Tom. „Wir können jetzt starten. Kannst du unseren Kurs berechnen, Plutinchen?"

„Das Space Camp 1 ist heute sehr weit von der ISS entfernt", antwortete Plutinchen. „Die umkreist die Erde ja auf einer anderen Umlaufbahn als das Space Camp 1. Wir müssen daher die halbe Erde umrunden. Den Kurs habe ich an den Bordcomputer übermittelt."

„Ich schlage einen anderen Kurs vor", meldete sich überraschend Yuki zu Wort. „Wenn wir Plutinchens Kurs wählen, müssen wir zwei Satelliten ausweichen. Auf dem von mir berechneten Kurs auf einer niedrigeren Umlaufbahn liegen keine Satelliten. Außerdem verbrauchen wir weniger Energie."

„Was meinst du, Plutinchen?", fragte Stella.

„Ich habe den Kurs von Yuki überprüft", antwortete Plutinchen. „Wir könnten tatsächlich etwas Energie sparen, wenn auch nicht viel. Dafür dauert der Flug zwei Minuten länger."

„Gut", sagte Tom. „Dann nehmen wir Yukis Kurs. Immerhin sollen wir ihn ja testen."

„Der Kurs ist in den Bordcomputer eingegeben", meldete Yuki.

Tom ließ den Joystick los, der Space Racer flog jetzt

automatisch zurück zum Space Camp 1. Zunächst musste das Raumschiff die ISS umfliegen.

„Eine elegante Kurve", stellte Tom fest und sah Stella an, deren Blick nicht ganz so zufrieden war.

„Mir stehen die neuesten Programme zur Verfügung", erklärte Yuki. „Meine Rechenleistung ist der aller anderen Roboter weit überlegen. Ihr wisst ja, dass sich die Rechenleistung der Chips etwa alle zwei Jahre verdoppelt. Das ist das Moore´sche Gesetz. Mein Chip ist viele Millionen Mal so schnell wie der Computer, den Apollo 11 bei der Mondlandung an Bord hatte."

„Offensichtlich", stimmte Tom zu.

„Einer der beiden Satelliten, der auf dem alten Kurs liegt, ändert gerade seine Bahn", sagte Yuki. „Ich habe daher einen neuen Kurs berechnet, der uns schneller ans Ziel bringt."

„Woher hast du diese Information?", fragte Plutinchen.

„Direkt von der Bodenstation", antwortete Yuki. „Ich werde über alle Bewegungen von Satelliten und Raumfahrzeugen im Orbit rund um die Uhr informiert.

Daher weiß ich, dass der indische Satellit Sharma in eine höhere Umlaufbahn gebracht wird."

„Orbital!", staunte Tom. „Dann gib bitte den neuen Kurs in den Bordcomputer ein."

„Ist bereits erledigt", bestätigte Yuki.

„Nicht schlecht", gab Tom zu. „Was meinst du, Plutinchen?"

„Ja, Yuki ist schneller und besser als ich", musste Plutinchen zugeben.

„Natürlich", fügte Yuki hinzu. „Ich bin ja auch technisch auf dem allerneusten Stand. Du bist ja bereits drei Jahre alt. Fast schon ein Oldtimer."

„Na und?", ärgerte sich Stella. „Deshalb gehört unser Plutinchen noch lange nicht zum alten Eisen."

„Das sagt doch auch niemand", entgegnete Tom. „Yuki ist eben fabrikneu. Das ist alles."

„Ich empfange gerade Daten vom Space Camp 1", sagte Yuki. „Im Gewächshaus ist die Temperatur um zwei Grad zu niedrig."

„Vielleicht hat Ming sie aus Versehen zu niedrig eingestellt", vermutete Stella. „Das ist mir auch schon mal passiert. Was meinst du, Plutinchen?"

„Auch ich habe die Daten empfangen", antwortete die Roboterkatze. „Deine Vermutung könnte stimmen. Sobald wir an Bord sind, werde ich das System überprüfen und die Temperatur ändern."

„Das ist nicht erforderlich", widersprach Yuki. „Ich habe die Ursache bereits gefunden. Einer der Sensoren, der die Temperatur misst und regelt, ist defekt. Ich habe ihn ausgeschaltet. Ein anderer Sensor übernimmt seine Aufgabe. Wenn wir die Raumstation erreichen, ist bereits alles wieder in Ordnung."

„Orbital!", staunte Tom ein weiteres Mal. „Yuki hat nicht nur Zugriff auf den Bordcomputer von Space Camp 1, sondern auch auf alle Sensoren an Bord."

„Sieht so aus", nickte Stella und warf einen traurigen Blick auf Plutinchen, die wortlos in ihrer Sitzschale hockte.

„Der Anflug beginnt", sagte Yuki. „Ich habe den Kurs so gewählt, dass wir zunächst die Raumstation einmal umrunden. Auf diese Weise sparen wir uns einen Kontrollflug."

„Nicht schlecht", freute sich Tom. „Und die Kurven sind wirklich elegant."

„Die Ausrichtung der Sonnensegel könnte verbessert werden", schlug Yuki vor, nachdem sie das Space Camp 1 umrundet hatten. Das Manöver zum Andocken an die Station war absolut perfekt.
„Eine Punktlandung", strahlte Tom. „Jetzt bin ich gespannt, was dieser Wunderhund noch so alles kann. Ihr auch?"
„Ich auch", antwortete Stella nicht ganz so begeistert.
„Ein Wunderhund?", wunderte sich Plutinchen. „Was ist ein Wunderhund?"
„Na, Yuki ist ein Wunderhund", antwortete Tom und löste seinen Sicherheitsgurt.
Nach dem Öffnen der Schleusentür schwebten alle an Bord. Tom und Stella waren immer noch traurig über die Abreise von Ming und Hu. Andererseits hatten sie neue Aufgaben von der Bodenstation erhalten. Der Kosmonaut Juri hatte ihnen nicht nur Yuki übergeben, sondern auch eine neue Kamera.

Die musste umgehend an der Außenwand eingebaut werden. Genau der passende Auftrag für Plutinchen und Yuki.

„Plutinchen? Du weißt ja, wo unsere Messgeräte und Kameras befestigt sind", sagte Stella. „Tauscht bitte die alte Kamera gegen die neue aus."

„Machen wir sofort", bestätigte Plutinchen. „Wir gehen zur Schleuse Nummer zwei. Von dort können wir mit unseren Haftfüßen zu den Messgeräten gelangen."

„Das wird nicht erforderlich sein", widersprach Yuki. „Für diese Mission reicht ein Roboter. Da ich viel schneller fliege als Plutinchen, werde ich den Auftrag übernehmen."

Der Roboterhund nahm Stella die Kamera aus der Pfote und startete die Düsen in den eigenen Pfoten. Wie eine Sternschnuppe schoss er durch die Station, flog einen Looping, stieß aber nirgends an. Schon war Yuki im Labormodul verschwunden.

„Orbital!", staunte Tom. „Habt ihr das gesehen? Der fliegt ja schneller als unser Space Racer!"

„Ein Wunderhund", miaute Plutinchen.

„Kein Wunder, nur neueste Technik", tröstete Stella die Roboterkatze. „So einen Antrieb kann sich jeder Roboter einbauen lassen."

Auf dem Monitor verfolgten sie die Arbeit des Roboterhundes. Er bewegte seine Pfoten so schnell, dass sie kaum folgen konnten.

„Als hätte er das schon tausendmal gemacht", sagte Stella verwundert.

„Yuki an Major Tom", tönte es plötzlich durch die Station.

„Hier ist Tom. Was gibt es?"

„Die neue Kamera ist bereits montiert. Ich bringe die alte umgehend ins Lagermodul", antwortete Yuki.

„Die nächste Frachtrakete nimmt sie dann mit zur Bodenstation."

Wenig später sauste der Roboterhund erneut durch die Station und landete direkt vor Tom und Stella. Mit seinen Haftfüßen klebte er neben dem großen Monitor an der Bordwand.

„Wie sehen die nächsten Aufträge aus?", fragte Yuki.

„Was ist noch zu tun?", überlegte Tom. „Vielleicht könnte er im Modul meines Vaters für Ordnung sorgen? Es ist noch immer so, wie wir es für Ming und Hu eingerichtet haben."

„Aber wie soll das gehen?", entgegnete Stella. „Er kennt das Modul doch gar nicht und weiß also auch nicht, wo alles hingehört. Wollen wir das nicht lieber zusammen ...?"

„Das ist nicht erforderlich", erklärte Yuki. „Ich habe mir die Aufnahmen der Videoüberwachung bereits angesehen. Anhand der alten Bilder kann ich den Raum wieder so herstellen, wie er vor dem Eintreffen von Ming und Hu ausgesehen hat."

Kaum hatte Yuki den Satz beendet, da schoss er auch schon los. Diesmal jedoch ohne Looping. Aus dem Wohnmodul vom großen Major Tom waren verschiedene Geräusche zu hören. Tom stieß sich von der Bordwand ab und schwebte zum Monitor. Er schaltete die Videokamera im Modul ein und staunte. Auch hier zischte Yuki hin her.

„Wie ein Gummiball", meinte Stella. „Wie macht der das so schnell?"

Wie durch Zauberhand verwandelte der Roboterhund das Wohnmodul wieder in seinen ursprünglichen Zustand zurück. Stella, Tom und Plutinchen konnten mit ihren Augen erneut kaum folgen, so schnell vollzog sich die Verwandlung des Moduls.

„Die Entwickler in der Roboterabteilung waren sehr fleißig in den letzten Jahren", meinte Tom. „Seht euch das mal an. Das Wohnmodul sieht aus, als wäre mein Vater gerade erst zum Mars geflogen."

„Da kann ich nicht mithalten", gab Plutinchen zu. „Jetzt weiß ich, was ihr mit dem Wunderhund meint."

„Du musst ja auch gar nicht mithalten", sagte Stella. „Wir sollen ihn ja nur testen. Und das machen wir gerade. Wir wollen feststellen, was er kann."

„Das seht ihr ja", miaute Plutinchen. „Er kann alles. Und er kann es sehr, sehr schnell."

„Dann ist unser Test auch schnell beendet", meinte Stella. „Wir füllen den Fragebogen aus und schicken Yuki zurück. Ich sage dir, bald sind wir wieder unter uns."

„Aber vorher könnte er doch versuchen, das kaputte

Sonnensegel zu reparieren", schlug Tom vor. „Wir haben es ja nicht geschafft."

„Weil wir nicht genau wissen, woran es liegt", sagte Stella. „Wir wissen nur, dass es sich nicht vollständig entfaltet hat. Aber das spielt keine Rolle, wir haben ja genug Energie."

„Trotzdem", entgegnete Tom. „Es wäre ein weiterer Test. Was meinst du, Plutinchen?"

„Eine gute Idee", antwortete die Roboterkatze. „Ich habe mir ja auch schon den Kopf darüber zerbrochen. Ich glaube, dafür ist ein Fehler in der Produktion verantwortlich. Da ist bestimmt ein falscher Bolzen verarbeitet worden."

„Vielleicht findet Yuki ja die Lösung?", hoffte Tom.

„Sensoren kann er jedenfalls nicht anzapfen", sagte Plutinchen. „Denn an der Stelle befinden sich keine Sensoren. Er muss alles selbst untersuchen."

„Umso besser", meine Stella. „Ich bin sehr gespannt."

In diesem Augenblick kam Yuki in das Wohnmodul geschossen und stoppte vor Tom.

„Auftrag ausgeführt", sagte der Roboterhund und wedelte aufgeregt mit dem Schwanz.

„Typisch Hund", flüsterte Plutinchen. Stella nickte. „Gibt es einen neuen Auftrag?", fragte Yuki.

„Ja, den gibt es", antwortete der kleine Major Tom. „Das Sonnensegel Nummer drei lässt sich nicht vollständig entfalten. Keine große Sache. Aber es wäre schön, wenn du den Fehler finden und beheben könntest."

„Ich werde sofort an die Arbeit gehen", sagte Yuki. „Da es keine Sensoren gibt, werde ich mir das Sonnensegel aus der Nähe ansehen."

Kaum hatte er den Satz vollendet, startete er auch wieder und schoss wie ein Pfeil durch die Station, um sie durch die nächste Schleuse zu verlassen. Kurz darauf hatte er das Sonnensegel erreicht. Allerdings war er diesmal nicht alleine unterwegs, denn Plutinchen war ihm gefolgt. Sie wollte aus nächster Nähe beobachten, wie Yuki arbeitete. Stella und Tom verfolgten beide Robotertiere auf dem großen Monitor.

„Diesmal geht es nicht so schnell", stellte Stella fest, während Yuki die betroffene Stelle wieder und wieder untersuchte.

„Wir waren auch sehr lange draußen und haben doch nichts gefunden", sagte Tom.

„Es ist ein Splint", meldete sich Yuki über Funk. „Eine kleine Metallspange, die als Sicherung während des Transports gedient hat. Wahrscheinlich hat jemand vergessen, ihn vor dem Start zu entfernen. Jetzt blockiert er den Mechanismus."

„Yuki hat recht", bestätigte Plutinchen. „Der Splint ist winzig. Ich kann ihn kaum erkennen. Wir brauchen Werkzeug, um ihn zu entfernen. Ich werde etwas Passendes aus dem Lager holen."

„Das ist nicht erforderlich", funkte Yuki. Der Roboterhund hob seine rechte Vorderpfote, aus der ein dünner Greifarm mit einer langen, spitzen Pinzette herausfuhr. Schon nach wenigen Sekunden hatte Yuki den Splint erwischt und zog die Pinzette wieder zurück. Es gab einen kleinen Ruck und das Sonnensegel sah so perfekt aus wie die anderen.

„Auftrag erledigt", funkte Yuki.

„Orbital!", staunte Tom erneut über Yukis Leistung. „Der hat es wirklich drauf!"

Muss Plutinchen von Bord?

„Die Testergebnisse sind wirklich beeindruckend", sagte Stellas Vater, der einer der Roboterexperten der Bodenstation war. „Yuki hat sich noch besser bewährt, als wir gedacht haben. Bei Plutinchen ist ja damals in der Zentrifuge der Chip kaputtgegangen und sie hat nur noch in Reimen gesprochen. Wir haben Yuki auch im Astronautenkarussell fahren lassen. Der hat sogar noch viel mehr ausgehalten. Und ihr wisst ja: Zehn g – das ist eine enorme Beschleunigung, die in der Zentrifuge bei sehr schneller Umdrehung entsteht."
„Aha", sagte Stella, die allein im Wohnmodul war. „Er hat keine Reime von Pharaonen gemurmelt."
„Nein, hat er nicht", versicherte ihr Vater.
„Wenn die Tests abgeschlossen sind, können wir ihn ja wieder zurück zur ISS bringen", schlug Stella vor. „Wie wäre es mit heute Nachmittag?"

„Nicht so eilig", antwortete Stellas Vater erstaunt. „Wir sind nämlich noch nicht ganz fertig mit unseren Tests."

„Was wollt ihr denn noch testen?", nörgelte Stella. „Wie schnell Yuki Kokosnüsse knacken kann? Wie schnell er Topflappen häkeln kann?"

„Nein, darum geht es nicht. Ich möchte euch doch nur einen Vorschlag machen", sagte ihr Vater.

„Ich weiß wirklich, wie sehr ihr Plutinchen mögt. Aber ihr sagt ja selber immer, dass sie nur eine Maschine ist."

„Was soll das heißen? Was habt ihr vor?", fragte Stella laut.

„Wir würden gerne testen, wie sich Yuki verhält, wenn er längere Zeit alleine bei euch an Bord ist", antwortete Stellas Vater.

„Das heißt, wir müssen Plutinchen abgeben!", erschrak Stella.

„Nur für ein oder zwei Wochen", sagte ihr Vater.

„Und wenn Yuki sich weiterhin bewährt?", hakte Stella, den Tränen nahe, nach. „Dann verlieren wir sie für immer."

„Das wissen wir noch nicht", erklärte ihr Vater. „Es ist ja noch keine Entscheidung gefallen. Wir sind nur sicher, dass uns mit Yuki eine ganz tolle Entwicklung gelungen ist. Er soll auch auf dem Mond und dem Mars getestet werden. Für die Kinder dort wäre er der ideale Begleiter."

„Das kommt gar nicht in die Tüte!", schimpfte Stella. „Plutinchen bleibt bei uns! Für uns gibt es keinen besseren Roboter!"

„Aber Stella. Das steht noch gar nicht fest. Noch ist es nicht so weit", versuchte ihr Vater, sie zu beruhigen. „Außerdem wollen wir einen weiteren, einen letzten Test abwarten."

„Was für einen Test?", fragte Stella misstrauisch. „Yuki hat doch schon bewiesen, dass er Plutinchen überlegen ist. Das war nicht schwer festzustellen. Und Plutinchen hat es gleich gewusst."

„Einen Test, in dem sich Yuki im Team bewähren muss", erklärte ihr Vater. „Denn bislang hat er nur gezeigt, was er alleine kann."

„Wir müssen also alle mitmachen?", fragte Stella.

„Alle. Plutinchen auch", antwortete ihr Vater.

„Um was geht es?", wollte Stella wissen.

„Eigentlich ist es ganz einfach", erklärte ihr Vater. „Wir übermitteln euch eine Fehlermeldung. Ein angebliches Leck im Wohnmodul vom großen Major Tom. Ihr sollt es von der Raumstation abkoppeln, von außen überprüfen und wieder ankoppeln."

„Das haben wir noch nie gemacht", raunte Stella. „Das ist eine Aufgabe für Erwachsene."

„Keine Sorge, wir können von der Bodenstation aus jeden Schritt überprüfen und notfalls eingreifen", sagte ihr Vater. „Wir können die gesamte Aktion auch fernsteuern. Es ist ja nur ein Test, den wir uns ausgedacht haben."

„Ach so", nickte Stella. „Dann kann ja nichts schiefgehen. Wann geht es los?"

„Das darf ich dir nicht verraten. Es soll ja ein Notfalltest sein", schmunzelte ihr Vater auf dem Monitor. „Ich kündige ihn auch nur an, damit ihr euch nicht erschreckt und wisst, dass es nur ein Test ist."

„Für uns als Team", wiederholte Stella.
„Für euch als Team", bekräftigte ihr Vater.
„Plutinchen wird sich bewähren", versicherte Stella. „Da bin ich ganz sicher."
„Ich melde mich gleich nach dem Test", sagte ihr Vater zum Abschied. „Und ich drücke euch die Daumen."
Dann verschwand das Bild auf dem Monitor. Es war wieder die Erde zu sehen.
„Welcher Test?", fragte Tom, der gerade ins Labormodul schwebte.
„Ein letzter Test für Yuki", antwortete Stella betrübt. „Dann entscheiden sie, ob Plutinchen an Bord bleibt."
„Was?", entfuhr es Tom. „Das können die doch nicht machen! Was ist passiert?"
Sofort begann Stella, Tom die ganze Geschichte zu erzählen. Der machte ein überraschtes Gesicht und sagte schließlich: „Wenn ich das gewusst hätte."

„Was gewusst hätte?", fragte Stella.

„Wir haben Yuki viel zu sehr gelobt. Vor allem ich", gab er zu. „Aber wir konnten ja nicht ahnen, dass wir Plutinchen damit schaden."

„Außerdem ist Yuki wirklich ein ausgezeichneter Roboter", gab Stella zu bedenken. „Hätten wir das verschweigen sollen? Wir sind doch Forscher und der Wahrheit verpflichtet!"

„Ja, das sind wir", stimmte ihr Tom zu. „Wir mussten der Bodenstation mitteilen, wie gut Yuki ist. Aber ich habe nicht damit gerechnet, dass sie uns Plutinchen wegnehmen könnten."

„Was sollen wir tun?", fragte Stella. „Wir müssen doch etwas tun!"

„Wir müssen noch einmal mit deinem Vater reden", meinte der kleine Major Tom. „Vielleicht können wir ihn überzeugen. Oder wir ..."

Plötzlich hallte ein schrilles Geräusch durch die Raumstation und über der runden Schleusentür blinkte eine rote Warnlampe auf.

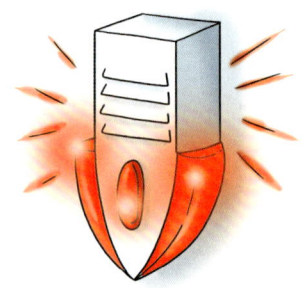

„Die haben es aber eilig", sagte Stella.

„Immerhin wissen wir, dass es nur ein Test ist", sagte Tom. „Jetzt kommt bestimmt gleich die Meldung."

„Bodenstation an Major Tom", tönte es auch schon aus dem Lautsprecher, während auf dem Monitor eine Frau erschien. „Major Tom, bitte kommen."

„Hier ist Major Tom", antwortete Tom ordnungsgemäß. Hinter ihm erschienen Yuki und Plutinchen, denen der Alarm nicht entgangen war.

„Wir empfangen eine Fehlermeldung vom Wohnmodul zwei. Es muss umgehend von außen auf mögliche Schäden überprüft werden", erklärte die Frau. „Es könnte sich um ein Leck handeln. Das Modul muss zunächst abgekoppelt werden. Nach der Überprüfung wird es dann wieder angekoppelt. Der Notfallplan erscheint gleich auf dem Monitor. Viel Erfolg!"

„Habe verstanden", antwortete Tom. „Wir werden sofort anfangen."

„Ich kann die Fehlermeldung bestätigen", sagte Yuki. „Allerdings zeigen die Sensoren keinen Druckverlust an."

„Überprüfen müssen wir es trotzdem", entgegnete Tom und sah auf den Monitor. Dort erschien die erste Anweisung, die Tom vorlas: „Sofortige Verriegelung des Moduls."

„Das übernehme ich", sagte Yuki.

„Jetzt muss die Sicherung gelöst werden", fuhr Tom fort.

„Schon erledigt", versicherte Plutinchen.

„Modul abkoppeln", las Tom vor.

„Das mache ich", sagte Stella und gab den Befehl in das große Display ein. Ein kleiner Ruck ging durch die Station. Klickende Geräusche waren zu hören.

„Modul ist abgekoppelt."

„Das Modul muss sich jetzt zehn Meter von der Station entfernen", sagte Tom.

„Ich habe den notwendigen Schub der Steuerdüsen bereits berechnet", sagte Plutinchen. „Wir benötigen eine Brenndauer von zehn Sekunden."

„Von zehn und einer halben Sekunde", verbesserte Yuki.

„Steuerdüsen aktivieren!", ordnete Tom an.

„Sind aktiviert", versicherte Stella.

Auf dem Monitor konnten sie sehen, wie sich das Wohnmodul von Toms Vater langsam von der Station entfernte.

„Bremsdüsen aktivieren!", sagte Tom, denn die Bewegung des Moduls musste ja gestoppt werden. „Bremsdüsen sind aktiviert", meldete sich Stella. „Das sieht sehr gut aus", sagte Tom. „Ziehen wir also unsere Raumanzüge an und beginnen mit der Überprüfung. Das wird der schwierige Teil des Unternehmens. Plutinchen und Yuki? Da ihr keine Raumanzüge benötigt, könnt ihr schon anfangen."

Während Plutinchen und Yuki schon die Station verließen, krochen Stella und Tom in ihre Raumanzüge. Das dauerte eine Weile, obwohl beide darin viel Übung besaßen.
Über Funk konnten sie verfolgen, wie die beiden Roboter gemeinsam die runde Kupplung der Raumstation untersuchten.

„Ich kann keinen Fehler finden", stellte Plutinchen fest.
„Das kann ich bestätigen", stimmte Yuki zu. „Die Kupplung der Station ist in Ordnung. Sehen wir uns jetzt die Kupplung des Moduls an."
Hinter den Robotern öffnete sich die Schleusentür der Raumstation. Tom und Stella betätigten ihre kleinen Antriebsdüsen an ihren Rucksäcken. Sicherheitsleinen sorgten dafür, dass sie immer mit der Raumstation verbunden waren. Langsam schwebten sie zum Wohnmodul. In ihren Händen trugen sie Messgeräte, um das Modul zu untersuchen. Es bewegte sich ebenso schnell um die Erde wie die restliche Raumstation, allerdings etwa zehn Meter entfernt von dieser. Es ähnelte einer großen Dose, besaß jedoch Fenster und Antennen.
„Na, wie sieht es bei euch aus?", fragte Tom über Funk.
„Ich habe noch keinen Fehler entdecken können", antwortete Yuki. „Das Modul scheint voll einsatzfähig zu sein."
„Auch ich kann nichts entdecken", meldete sich Plutinchen.
Tom und Stella setzten ihre Messgeräte ein,

konnten aber auch nichts entdecken. Gemeinsam umrundeten sie das Modul und tauschten die unterschiedlichsten Daten aus. Nach einer knappen Stunde konnten sie die Untersuchung abschließen.

„Major Tom an Bodenstation", funkte Tom. „Das Wohnmodul ist überprüft und voll funktionsfähig. Stella und ich kehren jetzt zur Station zurück und koppeln das Modul wieder an. Yuki und Plutinchen überwachen das Andocken."

„Bodenstation an Major Tom", hörten sie in ihren Raumhelmen. „Wir sind sehr zufrieden. Schließt die Aktion jetzt ab."

Stella und Tom starteten ihre Antriebsdüsen und flogen zurück zum Space Camp 1. Plutinchen und Yuki saßen auf der Bordwand des Wohnmoduls und warteten auf den Start der Steuerdüsen. Misstrauisch sah Plutinchen immer wieder auf den Schwanz von Yuki, der sich aufgeregt hin und her bewegte. Eine ganze Weile saßen sie so da, denn Stella und Tom mussten zunächst ihre Raumanzüge ausziehen. Erst dann konnten sie zum großen Display schweben.

„Was meinst du?", fragte Stella. „Yuki hat auch diesen Test bestanden, oder?"

„Ich fürchte ja", antwortete Tom. „Er kann auch in einem Team arbeiten – das hat er gezeigt."

„Trotzdem werde ich Plutinchen nicht gehen lassen", brummte Stella. „Da kann sich mein Vater auf den Kopf stellen."

„Das werden wir sehen", sagte Tom.

Ein echter Fehler

Kaum hatte Stella die Tasten berührt, blinkte ein rotes Licht auf.

„Hier stimmt etwas nicht", sagte Stella.

„Aber was?", wunderte sich Tom. „Die Steuerdüsen arbeiten einwandfrei. Das Display zeigt es an."

„Aber es sind die falschen", funkte Plutinchen. „Das Modul entfernt sich weiter von der Station!"

In diesem Augenblick meldete sich auch schon die Bodenstation. Es war Stellas Vater: „Stella? Was ist bei euch da oben los? Ihr habt die falschen Steuerdüsen gestartet! Sofort stoppen!"

Stella berührte den passenden Knopf. Die Steuerdüsen stoppten. Doch das Modul bewegte sich aufgrund des Schubs der Steuerdüsen weiter von der Station weg.

„Bremsdüsen aktivieren!", rief Stellas Vater.

„Keine Reaktion", antwortete Tom. „Sie zünden nicht."

„Es waren die richtigen Knöpfe!", wehrte sich Stella.

„Die Düsen haben gesponnen."
Tom und Stella drückten die verschiedenen Knöpfe und betrachteten die Anzeigen auf dem Display. Ein Monitor zeigte die Steuerdüsen. Nur mit ihrer Hilfe können Raumschiffe im Weltall gelenkt werden. Leitwerke wie bei einem Flugzeug sind völlig sinnlos, da es im All keine Luft und auch keine Luftströmungen gibt. Die Steuerdüsen werden nur für kurze Zeit aktiviert und lenken ein Modul oder Raumschiff in die gewünschte Richtung.

„Es waren nicht die Düsen, es ist das Programm", sagte schließlich Stellas Vater. „Ihr könnt tatsächlich nichts dafür. Wir werden versuchen, den Fehler von der Bodenstation aus zu beheben. Vielleicht können wir dem Computer ein neues Programm übermitteln."

Tom und Stella sahen auf dem Monitor, wie sich das Wohnmodul langsam immer weiter vom Space Camp 1 entfernte. Plutinchen und Yuki saßen als Passagiere auf der Bordwand.

„Das Programm ist übertragen", meldete sich erneut Stellas Vater. „Startet die Steuerdüsen. Brenndauer zehn Sekunden."
Stella berührte den passenden Knopf. Wieder zündeten die Düsen, doch es waren wieder die falschen. Sofort stoppte Stella die Düsen.
„Nichts zu machen", meldete sich Stellas Vater. „Es bleiben nur die Roboter. Sie müssen mit ihren Düsenpfoten die Bewegung des Moduls stoppen. Dann sehen wir weiter."
„Die Düsenpfoten?", wiederholte Stella. „Aber die reichen doch niemals aus, die Bewegung einer so großen Masse zu stoppen!"
„Zu zweit könnten sie es schaffen", meinte Stellas Vater. „Und Yuki hat viel mehr Energie als Plutinchen."
„Gut", stimmte Tom zu. „Versuchen wir es."
„Plutinchen und Yuki? Bitte begebt euch in eine passende Position, um das Modul mit euren Düsenpfoten abzubremsen", sagte Stella.
„Wird sofort erledigt", antwortete Yuki und stand auf.
„Das ist keine gute Idee", entgegnete Plutinchen

und blieb sitzen. „Selbst wenn unsere Schubkraft theoretisch ganz knapp ausreichen sollte, ist das zu riskant. Wir würden unseren ganzen Treibstoff verbrauchen und außerdem könnten unsere Düsentriebwerke beschädigt werden, wenn sie die ganze Zeit auf Hochtouren laufen."

„Lass uns anfangen", mahnte Yuki. „Noch können wir das Modul abbremsen.

„Davon rate ich ab", erwiderte Plutinchen. „Wir sollten uns schnellstens eine andere Lösung überlegen."

„Unser Auftrag ist eindeutig. Dann setze ich meine Düsen alleine ein", widersprach Yuki. „Meine Energie müsste ausreichen. "

Yuki löste sich von der Bordwand und flog zu der Seite des Moduls, die von der Station abgewandt war. Dort suchte er sich einen sicheren Halt und startete seine Düsenpfoten.

„Was ist mit dir Plutinchen?", fragte Tom. „Willst du Yuki nicht helfen?"

„Darum geht es nicht", antwortete die Roboterkatze. „Ich suche eine andere, eine bessere Lösung. Und vielleicht habe ich sie auch schon gefunden."

„Kannst du etwa das Programm reparieren?", fragte Stella.

„Nein, das kann ich nicht", antwortete Plutinchen. „Nein, ich ... Wartet mal, da stimmt etwas nicht. Ich empfange Daten von Yuki. Er wird zu heiß."

„Er wird zu heiß?", wiederholte Tom. „Ist das denn möglich?"

„Ja, das ist möglich", antwortete Plutinchen. „Unsere Pfoten sind nicht auf Dauerbetrieb ausgelegt. Außerdem gibt er Vollgas."

„Brennstopp, Yuki!", rief Tom ins Mikrofon. „Stoppe deine Düsenpfoten! Du wirst zu heiß!"

Eine Antwort blieb aus. Yuki schwieg.

„Plutinchen? Kannst du mal nachsehen?", fragte Stella.

„Natürlich", antwortete die Roboterkatze und marschierte mit ihren Haftpfoten zur Rückseite des Moduls, die man von der Station aus nicht sehen konnte.

„Yuki hat das Modul nicht gestoppt", stellte Tom fest. „Das wäre wahrscheinlich auch mit Plutinchens Hilfe nicht gelungen. Die Robotertriebwerke sind für ein solches Manöver einfach nicht geeignet. Das war wirklich keine gute Idee."

„Und was wird jetzt?", fragte Stella. „Das Modul driftet immer weiter ins All. Ich denke, Plutinchens Treibstoff reicht kaum noch aus, um zu uns zurückzufliegen."

„Wenn das Modul auch noch an Höhe verliert, wird es irgendwann auf die Erde stürzen", gab Tom zu bedenken. „Es wird in der Atmosphäre verglühen."
„Dann müssen wir Plutinchen mit dem Space Racer abholen", schlug Stella vor. „Sofort!"
„Der muss erst betankt werden", entgegnete Tom. „Und das dauert, wie du weißt."
„Auch das noch", seufzte Stella. „Erst schicken die uns diesen Wunderhund, dann stürzt Plutinchen mit dem Modul ab."
„Wir können nur eine kleine Verlangsamung feststellen", meldete sich in diesem Augenblick Stellas Vater. „Ja, das Modul entfernt sich weiter von uns", bestätigte Tom. „Außerdem ist Yuki heiß gelaufen."
„Heiß gelaufen?", fragte Stellas Vater erstaunt.
„Gleich wissen wir mehr", meinte Stella. „Plutinchen ist schon unterwegs."
„Hier ist Plutinchen", hörten sie auch schon ihre Stimme aus dem Lautsprecher. „Yuki hat ganz offensichtlich zu viel Gas gegeben. Die Hitze hat ihn beschädigt. Er rührt sich nicht und reagiert auch nicht."

„Die nächste Katastrophe", schnaufte Stella. „Was machen wir bloß?"

„Wir könnten ein Raumschiff von der ISS schicken", schlug Stellas Vater vor. „Das ist zwar nicht so schnell wie der Space Racer, könnte aber in zwei Stunden da sein."

„Das ist nicht nötig", schnurrte Plutinchen. „Ich habe endlich die Lösung gefunden."

„Da bin ich aber gespannt", sagte Stella. „Wie willst du das Modul denn stoppen?"

„Ich will es nicht nur stoppen", schnurrte Plutinchen, „ich bringe es sogar zurück."

„Unmöglich", schüttelte Stellas Vater auf dem großen Monitor den Kopf. „Wir haben alle Möglichkeiten durchgespielt und berechnet. Du irrst dich bestimmt. Wenn Yuki keine Lösung gewusst hat, dann gibt es keine."

„Und doch ist es möglich", erwiderte Plutinchen. „Denn ich kenne das Space Camp 1 und seine Module viel besser als jeder Mensch und jeder Hund. Aber erst muss ich Yuki holen."

„Was hast du vor?", fragte Stella.

Aber Plutinchen war bereits wieder hinter dem Modul verschwunden. Es dauerte nicht lange, dann tauchte sie wieder auf. Über ihr schwebte an einer kurzen Leine der regungslose

Roboterhund. Plutinchen suchte eine geeignete Stelle an einer der Antennen und sicherte ihn dort. Jetzt konnte er nicht mehr ins All davonfliegen.

„Es kann losgehen", sagte Plutinchen und marschierte zu einer der Steuerdüsen.

„Was kann losgehen?", fragte Stellas Vater. „Ich verstehe kein Wort."

„Ich auch nicht", gab Tom zu. „Die Düsen können wir nicht starten, sie schicken ihren Strahl in die falsche Richtung."

„Noch", schnurrte Plutinchen. „Denn diese Steuerdüsen sind nicht fest auf der Bordwand montiert, sondern lassen sich drehen."

„Bist du sicher?", fragte Stellas Vater und machte ein misstrauisches Gesicht. „In unseren Plänen von Space Camp 1 steht nichts davon."
„Ich sagte doch, dass ich die Raumstation sehr gut kenne", antwortete Plutinchen. „Dann scheinen eben eure Pläne nicht zu stimmen. Ich habe es übrigens ganz zufällig mal entdeckt." Plutinchen löste eine Mutter am Sockel der Steuerdüse, die eigentlich aus vier Düsen bestand, von denen jede in eine andere Richtung zeigte. Dann drehte sie die Düse um.
„Orbital!", meinte Tom.
„Das wusste ich gar nicht!", staunte Stellas Vater. „Ich dachte, die wären bombenfest montiert!"

„Unser Plutinchen!", strahlte Stella.

Nachdem Plutinchen die Düse wieder befestigt hatte, marschierte sie zur zweiten Steuerdüse und drehte auch diese in die entgegengesetzte Richtung.

„Steuerdüsen zünden", funkte Plutinchen von dem Modul, das sich schon weit von der Station entfernt hatte. „Brenndauer 20 Sekunden."

Stella berührte mit dem Finger den Knopf. Wieder zündeten die falschen Düsen, doch da sie nun in eine andere Richtung zeigten, bremsten sie das Modul ab. Jetzt entfernte es sich nicht mehr von der Station und im nächsten Moment näherte es sich sogar wieder dem Space Camp 1.

„Da! Es kommt wieder auf uns zu", lachte Tom.

„Sie hat es geschafft!", jubelte Stella.

Stellas Vater machte noch immer ein misstrauisches Gesicht. Dabei konnte er auf der Bodenstation genau sehen, was in der Umlaufbahn passierte.

Als das Wohnmodul das Space Camp 1 erreichte, zündeten noch einmal kurz die Bremsdüsen, um einen Aufprall zu verhindern. Ein paar Mal mussten sie noch arbeiten, bis das Modul die richtige Position erreicht hatte, um wieder an die Raumstation anzukoppeln. Es gab einen leichten Ruck, ein leises Klicken und schon war das Wohnmodul von Toms Vater wieder Teil von Space Camp 1. Kaum war Plutinchen wieder an Bord, wurde sie auch schon von Stella in den Arm genommen.

„Meine Wunderkatze!", strahlte Stella.

„Ich bin keine Wunderkatze", widersprach Plutinchen. „Ich habe nur mein Wissen und meine Erfahrung genutzt."

„Das hast du", bestätigte Stellas Vater. „Das war eine ausgezeichnete Leistung. Die Erfahrung – an die hatte ich gar nicht gedacht."

„Aber ihr wisst doch, dass ich lernfähig bin", erklärte Plutinchen. „Das nennt man maschinelles Lernen. Ich kann aus meiner Erfahrung Wissen erzeugen und in vergleichbaren Situationen anwenden.

Nichts anderes habe ich gemacht."

„Das wissen wir", sagte Stella. „Aber das kann Yuki doch auch."

„Das stimmt", miaute Plutinchen. „Doch da ich schon sehr lange an Bord bin, habe ich mehr Erfahrung gesammelt als er und auch mehr Wissen erzeugt, das ich jetzt anwenden konnte."

„Nicht schlecht, diese künstliche Intelligenz", freute sich Stella.

Was ist mit Yuki?

„Und jetzt sehen wir uns Yuki an", sagte Tom. Tom, Stella und Plutinchen besahen sich den Roboterhund von allen Seiten. Er sagte keinen Ton und bewegte sich keinen Millimeter.
„Was ist mit ihm?", fragte Stella.
„Er hat seine Düsenpfoten so lange laufen lassen, bis der Treibstofftank leer war", vermutete Stellas Vater. „Und das auch noch mit Vollgas. Das hatten wir nicht vorgesehen und daher auch nicht getestet. Wahrscheinlich hat er sich insgesamt so erhitzt, dass sein Chip beschädigt wurde."

„Was können wir tun?", fragte Tom.

„Ihr könntet ihn aus- und wieder anschalten", antwortete Stellas Vater.

„Ein Reset", sagte Stella und berührte kurz den winzigen Schalter an Yukis Bauch. Nach einer Minute berührte sie ihn ein zweites Mal. Der kleine Roboter bewegte sich und öffnete ein paar Sekunden später die Augen.

„Genau wie an Bord der ISS", erinnerte sich Stella. „Als er von Juri angeschaltet wurde."

„Yuki? Wie geht es dir?", fragte Tom.

„Mir geht es gut auch ohne Hut", antwortete Yuki mit einer sonderbaren Stimme.

„Ach, du dickes Mondkalb", raunte Stella.

„Das Mondkalb frisst nur Mondgestein, die Mondkuh trinkt ein Gläschen Wein", sang der Roboterhund.

„Das darf nicht wahr sein", sagte Tom. „Wie damals bei Plutinchen. Nur ohne Pharao."

„Der Pharao sieht rauf zum Mond, dort hätte er so gern gewohnt. Wuff!", reimte Yuki und lächelte Tom, Stella und Plutinchen an. „Der Pharao hat sehr viel Geld und schon ein Raumschiff sich bestellt."

„Hättest du das bloß nicht gesagt", miaute Plutinchen. „Jetzt ist der Pharao doch wieder an Bord."

„Das Raumschiff fliegt ihn schnell zum Mond, als König er dort oben thront", sang Yuki. „Wuff!"

„Sein Chip ist kaputt", erklärte Stellas Vater traurig. „Ihr müsst ihn wieder ausschalten. Schickt ihn dann mit der nächsten Versorgungsrakete zurück zur Erde."

„Und was ist mit Plutinchen?", fragte Stella.

„Die bleibt natürlich bei euch", antwortete Stellas Vater. „Sie hat gezeigt, dass sie auch mit den kniffligsten Problemen fertig wird."

„Das wollte ich hören!", freute sich Stella. „Unser Plutinchen ist unübertroffen!"

„Plutinchen sitzt am Kraterrand, der Pharao winkt mit der Hand", lächelte Yuki die Roboterkatze an.

„Schluss jetzt", sagte Tom, schnappte sich den Roboterhund und schaltete ihn ab. „Das ist ja nicht auszuhalten."

„Genau!", schnurrte Plutinchen. „Hunde sind nicht zum Aushalten. Das muss ich sofort Neng Neng erzählen. Falls sie eines Tages Yuki doch noch zum Mond schicken."

„Vielleicht trifft er dort ja einen Pharao", lachte Stella.

Der kleine Major Tom

Logbuch

Plutinchen in Gefahr // Eintrag 1

Ein Roboterhund! Das hatte uns gerade noch gefehlt! Dabei gibt es Roboterhunde schon sehr lange. Einer der ersten war Sparko, der 1940 als Begleiter für den menschlichen Roboter Elektro gebaut wurde. Elektro war die Sensation auf der Weltausstellung 1939 in New York. Sparko konnte immerhin laufen, bellen, mit dem Schwanz wedeln und „Sitz" machen. Das war aber auch schon alles. Wesentlich bekannter wurde der Roboterhund Aibo aus Japan. Er kam 1999 auf den Markt und wurde 150 000 mal verkauft. Aibo kann nicht nur laufen, sondern auch mit dem Schwanz und den Ohren wackeln und Fußball spielen. Roboterhunde mit künstlicher Intelligenz wurden erst im 21. Jahrhundert gebaut.

 ## Plutinchen in Gefahr // Eintrag 2

Was ist künstliche Intelligenz? Das weiß nicht einmal Plutinchen ganz genau. Das liegt auch daran, dass wir nicht einmal genau wissen, was eigentlich menschliche Intelligenz ist. Dabei geht es nicht um Wissen oder Bildung, sondern vor allem um die Fähigkeit, Probleme schnell zu erkennen und zu lösen. Bei der künstlichen Intelligenz geht es darum, diese Fähigkeit mithilfe von Computerprogrammen nachzuahmen. Das gelingt mit künstlichen, neuronalen Netzen. Klingt schwierig und ist es auch. So ein Netz ahmt eben im Computer die Zellen des menschlichen Gehirns nach, die ja auch vernetzt, also miteinander verbunden sind. Ich habe in einem Buch gelesen, dass diese Idee bereits 1943 entwickelt wurde. Aber es hat lange gedauert, sie umzusetzen. 2020 waren diese künstlichen, neuronalen Netze noch lange nicht so gut wie ein Gehirn, konnten aber schon viele Aufgaben übernehmen, etwa Menschen anhand ihrer Sprache oder ihres Gesichts erkennen. Sie konnten auch schon Roboter steuern oder Autos lenken. Sie konnten Texte schreiben und übersetzen und sogar Bilder malen und Musik komponieren. Heute übernehmen sie noch deutlich mehr Aufgaben und sind viel besser als 2020, wie man an Plutinchen sieht.

 Plutinchen in Gefahr // Eintrag 3

Ach ja, in diesem Zusammenhang ist ja auch immer wieder von Algorithmen die Rede. Das Wort klingt lateinisch oder griechisch, ist es aber nicht. Es geht auf den Namen eines berühmten persischen Mathematikers zurück, nämlich auf Abu Jafar Mohammed ibn Musa Al-Khwarizmi. So einen langen Namen hat nicht jeder. Der Mann lebte um das Jahr 800. Aus dem letzten Teil seines langen Namens – Al-Khwarizmi – wurde im Laufe der Zeit das Wort „Algorithmus". Und das ist weiter nichts als eine genaue Anleitung zur schrittweisen Lösung eines Problems. Man könnte auch sagen, es ist eine Art Kochrezept, das genau befolgt werden muss, um zu dem gewünschten Ergebnis zu kommen. Ein Algorithmus kann zudem als Programm oder Software in einem Computer arbeiten und dort die verschiedensten Aufgaben übernehmen. Algorithmen helfen auch bei der Suche nach Angeboten im Internet oder bei der Textverarbeitung.

Plutinchen in Gefahr // Eintrag 4

Bei einem Flugzeug wird die Richtung mithilfe des Leitwerks am Heck geändert. Das Leitwerk beeinflusst die Luftströmung und lässt das Flugzeug nach Steuerbord oder Backbord fliegen. Im luftleeren Weltall aber gibt es keine Luftströmungen. Will man hier die Flugrichtung ändern, braucht man Steuerdüsen. Das sind kleine Raketentriebwerke, die meistens nur für ein paar Sekunden gezündet werden. Manche sind einzeln am Raumfahrzeug angebracht, andere wiederum gleich in Vierergruppen. Jede Düse zeigt in eine andere Richtung und kann einzeln gezündet werden.

„Das Universum ist groß, die Erde unser Zuhause."

Peter Schilling

Die Kreativ-Crew rund um den kleinen Major Tom

© Kurt Fuchs

Bernd Flessner ...

... hat am 24.11.1957 Geburtstag. Er wurde in Göttingen geboren, ist aber am Meer aufgewachsen. Seine Lieblingsfarbe ist Rot. Am liebsten schreibt er Bücher für Erwachsene und Bücher für Kinder. Wenn er mal gerade nicht schreibt, dann kocht er. Sein Lieblingsgericht ist selbst gemachte Lasagne. Bernd Flessner ist ein begeisterter Zukunftsforscher, ihn interessiert alles, was mit Raumfahrt und Weltall zusammenhängt. Sein größter Wunsch wäre es, einmal zum Mars zu fliegen (und zurück natürlich, damit er von seinem Abenteuer berichten kann).

© Stefan Lohr

Stefan Lohr ...

... hat am 5.5.1972 Geburtstag. Er wurde in Leutkirch geboren und lebt heute in Ravensburg. Seine Lieblingsfarbe ist Blau. Und am liebsten illustriert er Bücher für Kinder. Wenn er Zeit hat, dann fährt er gern Achterbahn. Am liebsten mit Doppellooping. Sein größter Wunsch wäre es, einmal mit Major Toms Space Racer ein paar Loopings im Weltall zu drehen.

Peter Schilling

Wer kennt nicht „Major Tom (völlig losgelöst)" und hat dazu schon mal ordentlich abgetanzt? Der Sänger und Songschreiber Peter Schilling, von dem dieser und noch viele andere Songs stammen, hatte die geniale Idee, die Geschichte aus dem weltbekannten Lied weiterzuerzählen – und zwar als Geschichte für Kinder. Er ist, wie er sagt, im Herzen ein Kind geblieben und hat so die Idee zum kleinen Major Tom, Stella und Plutinchen gehabt. Und weil er den Autor und Weltraumfan Bernd Flessner kenNèngelernt hat, sind daraus Geschichten entstanden. Peter Schilling möchte gerne, dass Kinder die Möglichkeit bekommen, so viel wie möglich über unsere Welt und das Universum zu erfahren. Deshalb tauscht er sich gerne vor seinen Konzerten mit Kindern über das spannende Thema Weltraum aus.

Bisher erschienen:

Band 1: Völlig losgelöst
ISBN 978-3-7886-4001-9

Bd. 2: Rückkehr zur Erde
ISBN 978-3-7886-4002-6

Bd. 3: Die Mondmission
ISBN 978-3-7886-4003-3

Bd. 4: Kometengefahr
ISBN 978-3-7886-4004-0

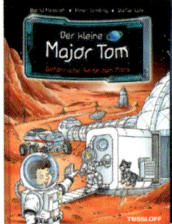
Bd. 5: Gefährliche Reise zum Mars
ISBN 978-3-7886-4005-7

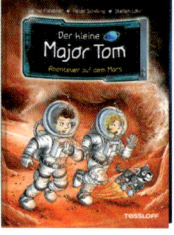
Bd. 6: Abenteuer auf dem Mars
ISBN 978-3-7886-4006-4

Bd. 7: Außer Kontrolle!
ISBN 978-3-7886-4007-1

Bd. 8: Verloren im Regenwald
ISBN 978-3-7886-4008-8

Bd. 9: Im Bann des Jupiters
ISBN 978-3-7886-4009-5

Bd. 10: Im Sog des Schwarzen Lochs
ISBN 978-3-7886-4010-1

Bd. 11: Wer rettet Ming und Hu?
ISBN 978-3-7886-4011-8

Freundealbum:

Meine Freunde
ISBN 978-3-7886-4115-3

Hörspiele:

Völlig losgelöst
ISBN 978-3-7886-4101-6

Rückkehr zur Erde
ISBN 978-3-7886-4102-3

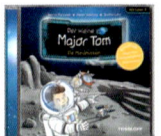
Die Mondmission
ISBN 978-3-7886-4103-0

Kometengefahr
ISBN 978-3-7886-4104-7

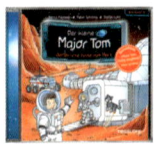
Gefährliche Reise zum Mars
ISBN 978-3-7886-4105-4

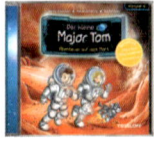
Abenteuer auf dem Mars
ISBN 978-3-7886-4106-1

Außer Kontrolle!
ISBN 978-3-7886-4107-8

Verloren im Regenwald
ISBN 978-3-7886-4108-5

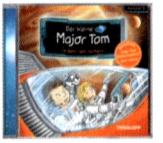
Im Bann des Jupiters
ISBN 978-3-7886-4221-1

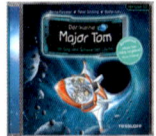
Im Sog des schwarzen Lochs
ISBN 978-3-7886-4222-8

Rätselhefte mit Fensterstickern:

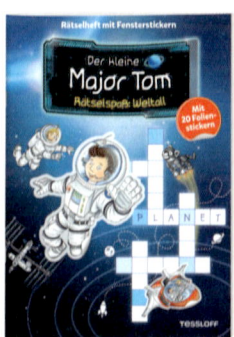
Rätselspaß: Weltall
ISBN 978-3-7886-4109-2

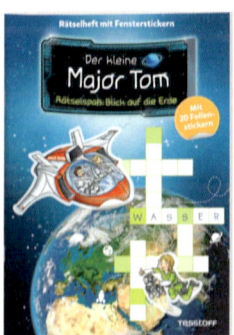
Rätselspaß: Blick auf die Erde
ISBN 978-3-7886-4110-8

Rätselspaß: Planeten
ISBN 978-3-7886-4111-5

Rätselspaß: Mond
ISBN 978-3-7886-4112-2